B

Bescherelle

CP

6-7 ans

exercices

français

Véronique Virzi-Roustan
institutrice

Éric Skhiri
professeur des écoles

Hatier

Chers parents,

Vous souhaitez aider votre enfant en **français** ? Ce cahier simple d'utilisation et complet va lui permettre de s'entraîner tout au long de son année de CP, et même plus tard s'il souhaite réviser certaines notions.

L'ouvrage est divisé en trois grandes parties :

- les sons,
- l'orthographe,
- la grammaire.

Le sommaire aidera votre enfant à trouver la leçon qu'il souhaite étudier ou revoir : il indique le numéro de chaque leçon, son titre et sa page.

Dans la plupart des leçons, votre enfant retrouvera la même progression :
• un **encadré** qui attire son attention sur les points importants de la leçon à partir d'exemples ;
• des **exercices** numérotés, progressifs, pour s'entraîner, avec une case pour noter ses performances.

Les **corrigés** des exercices se trouvent dans un cahier détachable au centre de l'ouvrage.

Apprendre n'est pas forcément compliqué. Des exercices clairs, des consignes précises, un vocabulaire simple faciliteront la tâche de votre enfant qui travaillera ainsi en toute autonomie.

Apprendre n'est pas forcément ennuyeux. La plupart du temps, les leçons s'appuient sur des exemples amusants et des jeux.

Les auteurs

Conception graphique et mise en pages : Nadine Aymard
Illustrations : Karen Laborie

© Hatier, 8 rue d'Assas, 75006 Paris, 2011, ISBN : 978-2-218-94918-0

Sommaire

Tous les corrigés sont placés en milieu d'ouvrage sur des feuillets détachables.

1 L'alphabet

a b c d e f g h i j k l m

a b c d e f g h i j k l m

A B C D E F G H I J K L M

A B C D E F G H I J K L M

n o p q r s t u v w x y z

n o p q r s t u v w x y z

N O P Q R S T U V W X Y Z

N O P Q R S T U V W X Y Z

1 Colorie de la même couleur les lettres identiques.

b P Z x B p

A Z H

X A a

B X P b z

h H

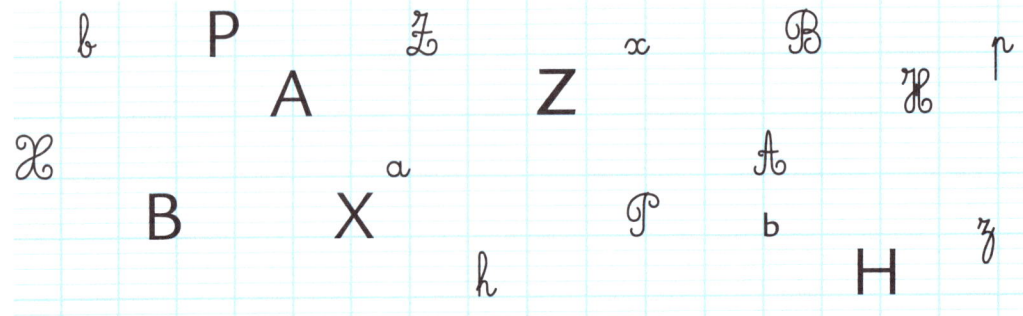

…/ 6

2 Écris le mot dessiné et barre la lettre en trop dans le petit sac.

t a b l e

c h a i s e

a r m o i r e

t a p i s

.../ 4

3 Vrai ou faux ? Souligne la bonne réponse.

1. Il y a trois **c** dans **crocodile**.   Vrai ou Faux ?

2. La quatrième lettre du mot **crocodile** est un **o**.   Vrai ou Faux ?

3. Les mots **chien** et **niche**
contiennent les mêmes lettres.   Vrai ou Faux ?

4. Le mot **yeux** contient la 24e lettre de l'alphabet.   Vrai ou Faux ?

5. Le mot **cacao** contient plus de **c** que de **a**.   Vrai ou Faux ?

.../ 5

4 Écris le mot modèle.

1. un ballon   •

2. UNE POUPÉE   •

3. une bicyclette   •

4. UN TRAIN   •

5. un nounours   •

6. un château   •

.../ 6

5

2 d **et** t

une **t**rousse   un **d**é   une **t**é**t**ine

une ar**d**oise   un pan**t**in   un **d**isque

1 Colorie les dessins où tu entends le **son** [d].

..../ 3

2 Complète les phrases suivantes avec **d** ou **t**.

1. Ce .....igre possè.....e des .....ents .....erribles.
2. Plutôt que de regar.....er la .....élévision, allume donc la ra.....io.
3. Cette .....ictée est trop .....ifficile pour moi !
4. La .....unisie est un merveilleux pays pour se reposer et se dé.....endre.
5. Tu seras .....oujours aussi .....êtu !

..../ 5

6

3 Entoure le mot qui complète convenablement chaque phrase.

1. Je ne me baignerai pas ici ! L'eau de cette rivière est trop (double, trouble).

2. N'oublie pas de (pendre, tendre) ton manteau avant d'entrer.

3. Mathilde, (du, tu) devrais écouter plus attentivement en classe.

4. Comme cette peluche est (douce, tousse) !

5. Quand tu rentres du football, tu dois absolument prendre une (touche, douche).

6. Cette espèce de grand hibou s'appelle un grand-(duc, tuc).

7. Dans un avion, les bagages voyagent dans la (soude, soute).

.../ 7

4 Relie chaque mot au bon dessin.

le monde

une montre

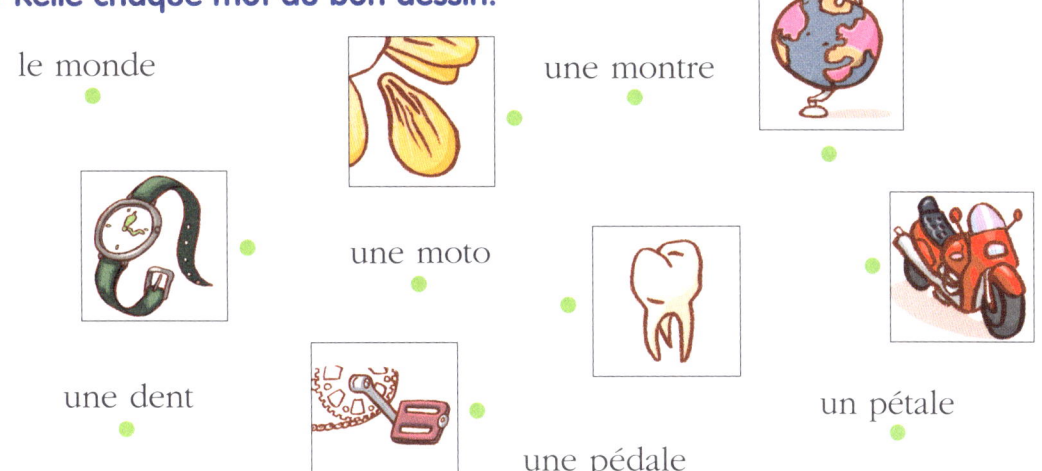

une moto

une dent

un pétale

une pédale

.../ 6

5 Devinette : complète les mots avec d ou t et tu découvriras dans les cases rouges le nom d'un fruit des pays chauds.

s	t	u	p	i		e		
			r	a	p	p	e	
		e	n		i	s	t	e
				a	p	i	s	
	u	r	e					

.../ 5

3 f et v

une **v**ache   une **f**orêt   un la**v**abo

une **f**lûte   une **f**rite   une **v**oile

1 Colorie les dessins où tu entends le **son** [v].

..../ 4

2 Complète les phrases suivantes avec **f** ou **v**.

1. Il était une .....ois, un lion .....éroce.
2. Avec maman, nous allons .....aire une tarte aux .....raises.
3. Cette semaine, il y a.....ait .....oule au .....illage.
4. Paris est une .....ille si mer.....eilleuse !
5. Les .....enêtres de cette maison s'ou.....rent sur la .....orêt.

..../ 5

3 Entoure le mot qui complète convenablement chaque phrase.

1. Au mois de novembre, l'air est **(frais, vrai)**.

2. Menteur ! Ce que tu dis est complètement **(vaut, faux)**.

3. Au cœur de l'hiver, cette route est souvent couverte de **(givre, gifles)**.

4. Cette pelouse est d'un très beau **(fer, vert)**.

5. Si tu pousses assez fort, cette porte devrait **(s'ouvrir, souffrir)**.

6. Je **(vais, fais)** lui **(offrir, ouvrir)** un beau cadeau pour son anniversaire.

..../ 6

4 Relie chaque mot au bon dessin.

• une ville •
• une carafe •
• une valise •
• une fraise •

..../ 4

5 Mots croisés. Place les mots dans la grille :
formule, ivre, lave, larve, voûte, filer, foule.

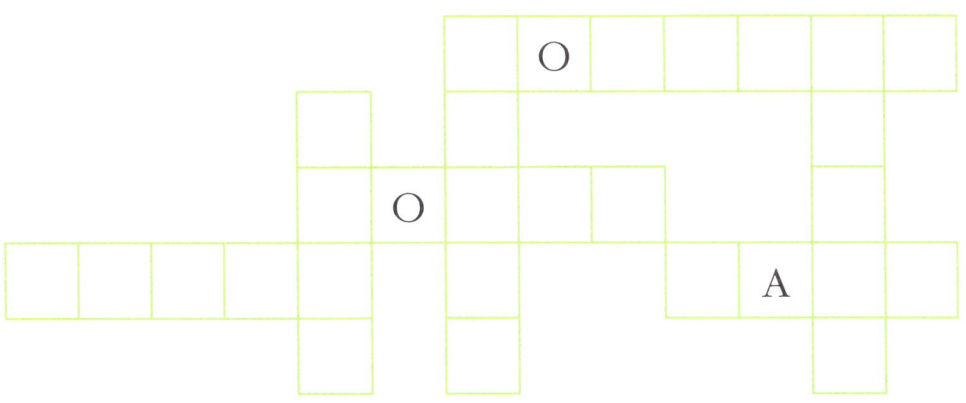

..../ 7

9

4 p/q, m/n, b/d

ÉCRIRE

piquer   une marmite   un bidon

1 Souligne les mots où tu vois **p** et ⬭entoure⬭ ceux où tu vois **q**. Attention, il y a des pièges…

1. une pipe
2. une pique
3. une bouteille
4. un paquet
5. un poulet
6. une querelle

7. une cabine
8. une tique
9. une piste
10. la panique
11. une queue
12. une quille

…../ 12

2 Complète les mots avec **m** ou **n**.

1. Je …..e sais pas.
2. Le di…..anche, je peux faire la grasse …..atinée.
3. Les sept …..ains de Blanche-Neige sont tous très différe…..ts.
4. Je dis « …..on ! » car je ne suis pas d'accord, c'est tout !
5. Il est à …..oi, c'est …..on stylo.
6. À force de faire la vaisselle, j'ai les …..ains très abîmées.
7. Le père Noël ne vient qu'au …..ois de déce…..bre.

…../ 7

3 Place les mots en gras dans la bonne colonne (m ou n).
Certains mots peuvent être écrits dans les deux colonnes.

1. Jules **aime** beaucoup les **moules** à la **crème**.
2. **Comme** d'habitude, tu es en retard !
3. Pense **bien** à acheter le **pain** pour ce **midi**.
4. Il faut **mettre** sa **montre** à l'heure régulièrement.
5. **Bonne nuit** à tout le **monde**, je vais me coucher.
6. **Malheureusement**, il me **manque énormément**.

m	n
....	....
....	....
....	....
....	....
....	....
....	....
....	....
....	....
....	....
....	....
....	....

.../ 20

4 En écrivant sa lettre, Mathilde a confondu certains b avec des d !
Barre les mots qui ne veulent rien dire.

Chère Maman,

Je viens d'arriver chez Mamie et Papi qui sont venus me chercher à
la bescente du train. Ils avaient tous les beux les mains pleines de
cadeaux. Ils sont vraiment aborables. Je sais déjà que je ne vais pas
m'ennuyer avec eux : ils ont préparé bes visites qui occuperaient
n'importe qui pendant une année au moins ! Moi qui ne reste qu'une
semaine… Mais au moins, j'aurai deaucoup de choses à te raconter à
mon retour. Gros disous.

.../ 7

Mathilbe

un **ma**gicien   des **lu**nettes   un **po**licier

un **sa**chet   une panthè**re**   **di**x

1 Retrouve et colorie de la même couleur les syllabes identiques.

re   SA   re   sa

MA   ma

po   di   DI   po

lu   PO   LU

..../ 6

2 Complète les mots en les reliant à la bonne syllabe.
Il peut y avoir plusieurs solutions.

• ma •

un .....ster •   • sa •   • .....fficile

un .....tin •   • lu •   • un mer.....

.....rdi •   • di •   • .....medi

un .....pas •   • po •   • du .....tage

• re •

..../ 8

3 Les syllabes de tous ces mots ont été mélangées !
Remets-les dans le bon ordre.

1. cri – pant – sa

2. ri – ma – me – ti

3. ter – nelle – ma

4. tion – so – lu

5. per – po – sa – pette – li

6. tion – sa – lu – ta

7. rec – tion – di

8. ver – le – re

…/ 8

4 Réponds aux définitions. Pour t'aider, il y a toujours
au moins l'une des syllabes : **sa, ma, re, di, lu, po.**

1. Un ours qui vit dans les grands froids :

2. On les porte pour y voir plus clair :

3. Elle te met au monde :

4. Tu l'utilises pour te laver :

5. Le jour où beaucoup de magasins sont fermés :

6. Un serpent très dangereux :

…/ 6

5 Trouve et écris des prénoms qui…

1. … commencent par **sa** :

2. … commencent par **ma** :

3. … se terminent par **re** :

4. … commencent par **lu** :

5. … commencent par **di** :

…/ 5

6 ou / on / oi

ÉCRIRE

un r**on**d   une balan**ç**oire   un c**ou**c**ou**

un b**ou**ch**on**   une **oi**e   un mel**on**

◖1 **Écris sous chaque dessin ce que tu vois.**

…✓ 4

2 Entoure tous les ou, on, oi que tu trouves.

1. Tous les animaux devraient vivre en liberté.
2. Ce blouson est très souple et vraiment agréable à porter.
3. Les lions doivent chasser pour se nourrir.
4. Dans les villes, la pollution devient trop importante.
5. Les poumons s'abîment vite au contact du tabac.
6. Combien coûtent ces boules de pétanque ?
7. Les fourmis sont si petites qu'on ne les voit pas toujours.

..../ 7

3 Parmi les trois écritures proposées, barre celles qui ne conviennent pas.

un b | on / ~~ou~~ / ~~oi~~ | bon

1. une b | on / oi / ou | gie

2. un mamm | oi / on / ou | th

3. un bav | oi / on / ou | r

4. un pl | oi / ou / on | ge | oi / ou / on | r

..../ 4

4 Complète les mots par ou, on, oi.
Attention, il peut y avoir plusieurs solutions !

1. des b........s
2. b........ter
3. un t........t, t........t
4. un p........ce

5. m........, m........, m........
6. la m........sson, la m........sson
7. des tr........s, tr........s
8. des ch........x, des ch........x

..../ 8

15

7 [ɔ] : o
[o] : o / eau / au

ÉCRIRE

un cr**o**c**o**dile   un cout**eau**   une t**au**pe

1 Colorie les dessins où tu entends les **sons** [o] et [ɔ].

..../ 4

2 Colorie les mots où tu trouves les **sons** [o] et [ɔ].

1. Aujourd'hui, Maman a préparé un gâteau au chocolat pour mon anniversaire.

2. Je l'ai apporté à l'école.

3. Nous avons fait une grande fête dans le préau.

4. La maîtresse a fermé les rideaux pour souffler les bougies.

5. J'ai ouvert mon cadeau, c'était un beau stylo !

..../ 5

3 Entoure les sons [o] et [ɔ] que tu trouves.

1. Avec Papa, nous sommes allés à la ferme.
2. Nous y avons vu beaucoup d'animaux.
3. Il y avait des agneaux, des cochons, des veaux…
4. En sortant, nous avons traversé la forêt.
5. On y a ramassé de gros escargots. C'était rigolo !

.…/ 5

4 Retrouve le mot et dessine-le.

| ppe | en | lo | ve | | neau | lei | ba |

| che | tru | au | | ne | pho | lé | té |

.…/ 4

5 Complète les mots avec la bonne écriture.

Cet été, avec mes parents, nous sommes allés au Mar..........c.
Le s..........leil brillait. La mer était ch..........de. Sur la plage, j'ai fait
de b..........x chât..........x de sable. J'ai utilisé mon s.......... j..........ne.
Quelles b..........nnes vacances !

.…/ 8

17

8 [ã] : an / en / am

ÉCRIRE

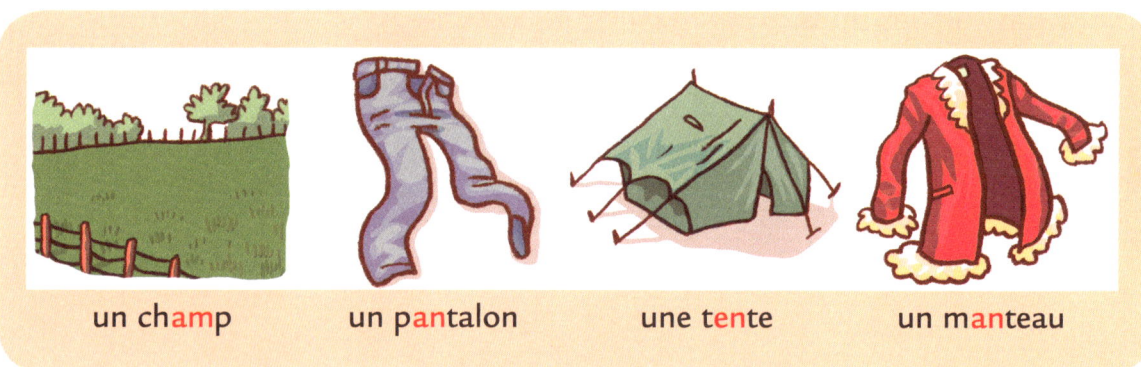

un ch**am**p   un p**an**talon   une t**en**te   un m**an**teau

1 Colorie les dessins où tu entends le **son** [ã].

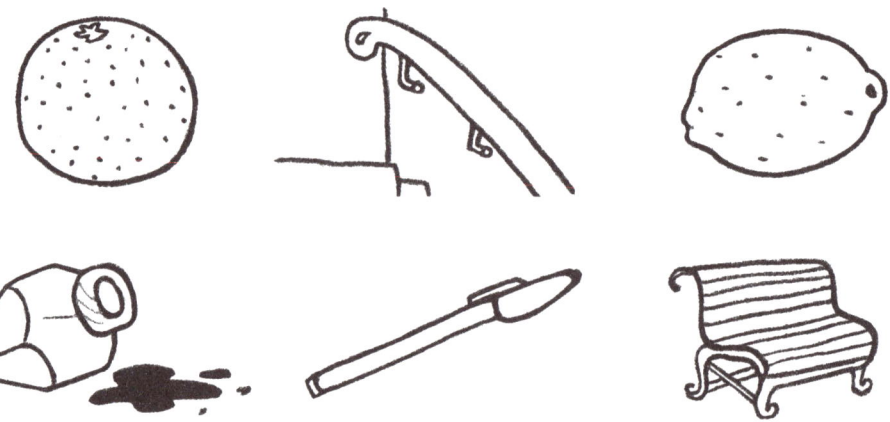

.../ 4

2 Barre les écritures qui ne conviennent pas.

une l | an / en / am | pe   une pl | an / en / am | te

	an	
tr	en	te
	am	

un éléph

an
en	t
am

	an	
quar	en	te
	am	

un m

an
en	ton
am

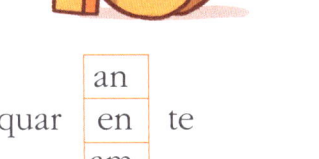

…../ 6

3 Complète les phrases avec les mots suivants :
souvent, Pendant, Maintenant, Avant, Quand, devant.

1. ...., il est l'heure d'aller manger.
2. Il est .... en retard.
3. .... que j'étale la pâte, tu n'as qu'à allumer le four.
4. .... penses-tu venir ?
5. Pose ton livre .... toi.
6. .... de sortir, ferme bien ton blouson.

…../ 6

4 Complète les mots avec l'écriture du son [ã] qui convient.

Mon frère Vinc........t devait venir v........dredi. Finalem........t,
il ne pourra venir que dim........che ! Je lui ai donné r........dez-vous
dev........t le Jardin des Pl........tes. Il se servira d'un pl........ pour ne
pas se perdre. Nous irons voir les fossiles des gr......ds dinosaures
av........t d'aller au zoo voir des animaux viv........ts !

…../ 11

19

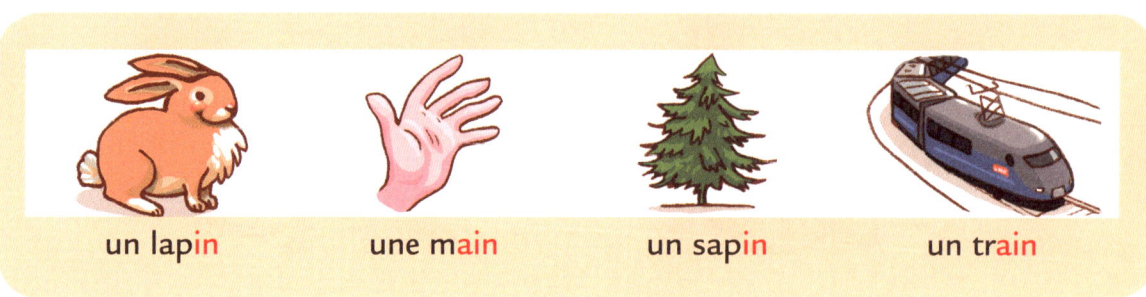

un lap**in**   une m**ain**   un sap**in**   un tr**ain**

1 Colorie les dessins où tu entends le **son** [ɛ̃].

..../ 4

2 Relie les dessins et les mots à la bonne écriture.

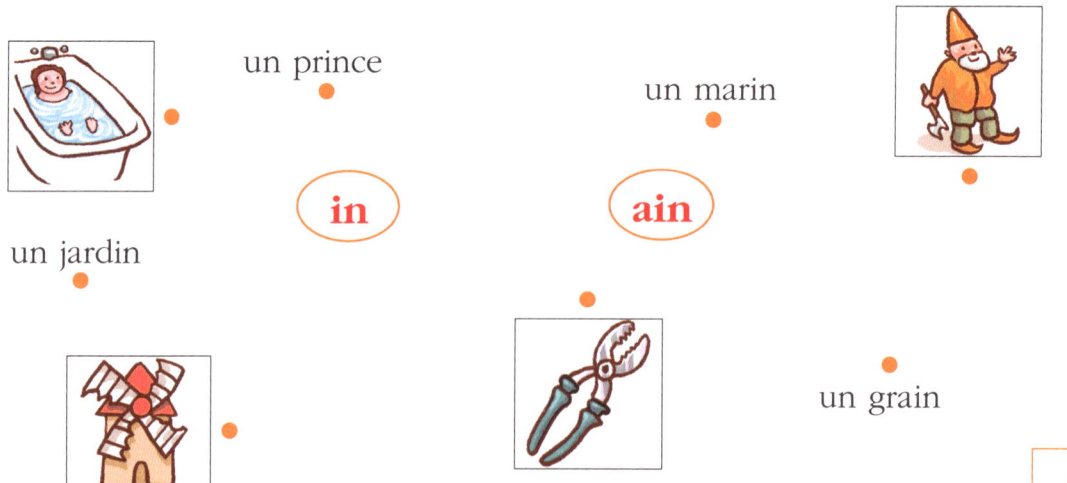

un prince

un marin

in

ain

un jardin

un grain

..../ 8

3 Entoure les sons [ɛ̃] que tu trouves.

C'est ma fête aujourd'hui ! C'est la Saint-Sylvain. J'ai invité tous mes
amis. Mon cousin Alain est aussi venu. Maman a été très gentille.
Elle nous a laissé jouer dans le jardin. Nous nous sommes beaucoup
amusés.

.../ 6

4 Mots croisés : complète la grille avec les mots qui contiennent le son [ɛ̃]. Attention aux intrus !

cinq – quatre – marcassin – livre – vingt – gain – chaussure –
coussin – maintenant – koala

.../ 6

10 [e] : é
[ɛ] : è / ê / ai / ei

ÉCRIRE

un z**è**bre   une t**ê**te   une t**é**l**é**vision

1 Colorie les dessins où tu entends le **son** [e].

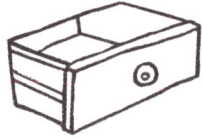

..../ 2

2 Entoure la manière d'écrire le son qui convient : **é** ou **è**.

é	è

é	è

..../ 6

•Corrigés des exercices

1 L'alphabet (p. 4)

1• *Fais vérifier par un adulte.*

2• **table**, la lettre à barrer est le **c.**
   chaise, la lettre à barrer est le **k.**
   armoire, la lettre à barrer est le **t.**
   tapis, la lettre à barrer est le **s.**

3• 1. Faux 2. Faux 3. Vrai 4. Vrai 5. Faux

4• *Fais vérifier par un adulte.*

2 d et t (p. 6)

1• Tu dois colorier la pen**d**ule, l'or**d**inateur, le pé**d**alo.

2• 1. Ce **t**igre possè**d**e **d**es **d**ents **t**erribles. 2. Plu**t**ôt que de regar**d**er la **t**élévision, allume donc la ra**d**io.
   3. Cette **d**ictée est trop **d**ifficile pour moi ! 4. La **T**unisie est un merveilleux pays pour se reposer et se
   dé**t**endre. 5. Tu seras **t**oujours aussi **t**êtu !

3• 1. trouble 2. pendre 3. tu 4. douce 5. douche 6. duc 7. soute

4• *Fais vérifier par un adulte.*

5•

s	t	u	p	i	**d**	e			
			t	r	**a**	p	p	e	
d	e	n	**t**	i	s	t	e		
			t	a	p	i	s		
	d	u	r	**e**					

Tu trouves le mot « datte ».

3 f et v (p. 8)

1• Tu dois colorier la chè**v**re, le che**v**al, le **v**erre, la couverture.

2• 1. une **f**ois, un lion **f**éroce 2. nous allons **f**aire une tarte aux **f**raises 3. il y a**v**ait **f**oule au **v**illage.
   4. une **v**ille si mer**v**eilleuse 5. Les **f**enêtres s'ou**v**rent sur la **f**orêt.

3• 1. frais 2. faux 3. givre 4. vert 5. s'ouvrir 6. vais, offrir

4• *Fais vérifier par un adulte.*

5•

			F	O	R	M	U	L	E	
	I		O					A		
	V	O	U	T	E			R		
F	I	L	E	R		L	A	V	E	
	E		L					E		

4 p/q, m/n, b/d (p. 10)

1• Tu dois souligner **p**ipe, **p**ique, **p**aquet, **p**oulet, **p**iste, **p**anique.
   Tu dois entourer pi**q**ue, pa**q**uet, **q**uerelle, ti**q**ue, pani**q**ue, **q**ueue, **q**uille.

2• 1. Je **n**e sais pas. 2. Le di**m**anche, je peux faire la grasse **m**atinée. 3. Les sept **n**ains de Blanche Neige
   sont tous très différe**n**ts. 4. Je dis « **n**on ! » car je ne suis pas d'accord, c'est tout ! 5. Il est à **m**oi, c'est
   mon stylo. 6. À force de faire la vaisselle, j'ai les **m**ains très abîmées. 7. Le père Noël ne vient qu'au
   mois de décembre.

3• Dans la colonne **m** : aime, moules, crème, comme, midi, mettre, montre, monde, malheureusement,
   manque, énormément. Dans la colonne **n** : bien, pain, montre, bonne, nuit, monde,
   malheureusement, manque, énormément.

4• *bescente* au lieu de descente ; *beux* au lieu de deux ; *aborables* au lieu de adorables ; *bes visites* au lieu
   des visites ; *deaucoup* au lieu de beaucoup ; *disous* au lieu de bisous ; *Mathilbe* au lieu de Mathilde.

5 sa/ma/re/di/lu/po (p. 12)

1● *Fais vérifier par un adulte.*

2● un poster, un lutin ou un matin, mardi, un repas, difficile, un merlu, samedi, du potage.

3● 1. sacripant 2. maritime 3. maternelle 4. solution 5. saperlipopette 6. salutation 7. direction 8. relever

4● 1. un ours polaire 2. des lunettes 3. une maman 4. un savon 5. dimanche 6. une vipère

5● *Par exemple :* 1. Sabine, Sacha 2. Manon, Marie 3. Pierre, Laure 4. Lucien, Ludivine 5. Dimitri, Didier

6 ou/oi/on (p. 14)

1● un bonbon, un pont, une chouette, une poire.

2● 1. **Tous** 2. Ce bl**ou**s**on** est très s**ou**ple… 3. Les li**ons** d**oi**vent chasser p**ou**r se n**ou**rrir. 4. La polluti**on**… 5. Les p**ou**m**ons**, c**on**tact 6. c**oû**tent, b**ou**les 7. Les f**ou**rmis s**on**t… qu'**on** ne les v**oi**t pas t**ou**j**ou**rs.

3● 1. une bougie 2. un mammouth 3. un bavoir 4. un plongeoir

4● 1. des bois 2. boiter 3. un toit, tout 4. un pouce 5. moi, mou, mon 6. la mousson, la moisson 7. des trous, trois 8. des choux, des choix

7 [ɔ] : o   [o] : o/eau/au (p. 16)

1● Tu dois colorier le sc**o**rpion, le vél**o**, le bat**eau**, le b**o**l.

2● *Tu dois colorier les mots :* 1. Aujourd'hui, gâteau, au, chocolat 2. apporté, école 3. préau 4. rideaux 5. cadeau, beau, stylo.

3● *Tu dois entourer les sons :* 1. s**o**mmes 2. b**eau**coup, anim**aux** 3. agn**eaux**, c**o**chons, v**eaux** 4. s**o**rtant, f**o**rêt 5. gr**o**s, escarg**o**ts, rig**olo**.

4● une envel**o**ppe ; un balein**eau** ; une **au**truche ; un téléph**o**ne.

5● Mar**o**c, s**o**leil, ch**au**de, b**eaux** chât**eaux**, s**eau** j**au**ne, b**o**nnes.

8 [ã] : an/en/am (p. 18)

1● Tu dois colorier l'or**an**ge, la r**am**pe d'escalier, la tache d'**en**cre, le b**an**c.

2● lampe ; plante ; trente ; éléphant ; quarante ; menton.

3● 1. Maintenant 2. souvent 3. Pendant 4. Quand 5. devant 6. Avant

4● Vinc**en**t ; v**en**dredi ; Finalem**en**t ; dim**an**che ; r**en**dez-vous ; dev**an**t ; Pl**an**tes ; pl**an** ; gr**an**ds ; av**an**t ; viv**an**ts.

9 [ɛ̃] : in/ain (p. 20)

1● Tu dois colorier le p**ain**, le pouss**in**, le rais**in**, les pat**ins** à roulettes.

2● *Fais vérifier par un adulte.*

3● *Tu dois entourer :* S**ain**t ; Sylv**ain** ; **in**vité ; cous**in** ; Al**ain** ; jard**in**.

4●

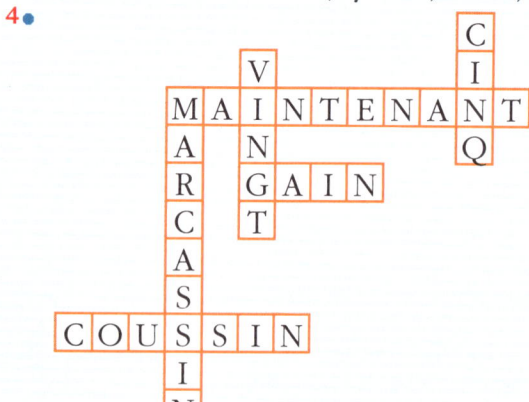

10 [e] : é   [ɛ] : è/ê/ai/ei (p. 22)

1 • *Tu dois colorier :* la fée, l'épée.
2 • une pièce ; un trèfle ; des lèvres ; une fusée ; un scarabée ; une clé.
3 • Colonne è : une chèvre, un succès, une crème, un poème.
   Colonne ê : un chêne, une fenêtre, un rêve.
4 • *Tu dois entourer :* 1. vais, acheter, manger 2. ces, perles 3. équipe, gagné 4. les, école est, fermée 5. est, récréation 6. les, abeilles, nectar, des 7. faire, vaisselle
5 • semaine ; allés ; avait ; peut-être ; pleine ; échapper ; Mais ; était ; merveilleux ; s'envolaient ; scène ; sortaient ; fête ; gravé ; mémoire.

11 [k] : c/k/qu/q (p. 24)

1 • Tu dois colorier le requin, la baguette magique, l'accordéon.
2 • un concombre ; un kangourou ; un paquet ; un clou
3 • 1. vacarme 2. combinaison 3. barrique 4. kermesse 5. pratique 6. koala
4 • 1. kilos 2. quatre 3. quel 4. couscous 5. laque 6. anorak 7. cadeaux.

12 [f] : f, ff, ph (p. 26)

1 • Tu dois colorier la gaufre, la girafe, la falaise.
2 • un phare, la fumée, un coffre, un saxophone.
3 • *Tu dois avoir gardé les mots suivants :* 1. une flamme 2. un chiffon 3. un fantôme 4. un éléphant 5. un chiffre 6. un plafond 7. une pharmacie
4 • 1. fête 2. trèfle, feuilles 3. effort 4. géographie 5. difficile 6. phrase 7. flèches.

13 [j] : y/il/ill   [je] : ier (p. 28)

1 • *Tu dois barrer les dessins suivants :* l'étoile, la balle.
2 • le soleil, la grenouille, une feuille, un épouvantail.
3 • Colonne en ier : un meunier, un panier, janvier.
   Colonne en y : un rayon, un voyage.
   Colonne en il, ill : une fille, un papillon, un caillou, le travail, un fauteuil.
4 •

14 [ø], [œ] : eu/œu (p. 30)

1 • Tu dois colorier le nœud, le feu, le bœuf, le chiffre deux.
2 • un tracteur, un œuf, un jeu de dominos, un bœuf, il est vieux, une fleur.
3 • *Les mots à colorier sont :* 1. heureux 2. vœu 3. sœur 4. adieu 5. bleu, cheveux
4 • *Tu dois entourer :* 1. peureux 2. peu 3. yeux, deux 4. pleure, moteur 5. œufs 6. docteur
5 • *Les mots à compléter sont :* 1. neuf 2. baveuse 3. preuve 4. manœuvres 5. fleuve.

15 Construire des mots (p. 32)

1 • *Tu dois colorier :* cabane, disque, wagon, lapin, livre.
2 • 1re colonne : exposition
   2e colonne : découvrir
   3e colonne : cassette

3• *Les 4 mots cachés sont :* jouet, vélo, lit, poupée.

4• *Les 4 mots à reconstituer sont :* fourchette, confiture, table, couteau.

5• *Les noms d'animaux à reconstituer sont :* chameau, mouton, vache, girafe.

16 Féminin ou masculin ? (p. 34)

1• une coccinelle, un écureuil, une libellule, un canard.

2• Colonne féminin : une chatte, une souris, une poule, une lionne, une biche, une otarie.
Colonne masculin : un ours, un crocodile, un serpent, un singe, un dromadaire, un guépard.

3• un magasin ; une étagère ; une boîte ; un livre ; une formule ; un secret ; un secret.

4• *Tu dois retrouver :* cochon, masculin ; cheval, masculin ; souris, féminin.

5• *Tu dois relier :* une vache / un taureau ; une chatte / un chat ; une chienne / un chien ;
une jument / un cheval ; une lionne / un lion.

17 Singulier ou pluriel ? (p. 36)

1• *Fais vérifier par un adulte.*

2• des dragons ; un ballon ; une toupie.

3• *Mots au pluriel :* des chevaliers, les pirates, des dinosaures.
Mots au singulier : une ferme, la montre, le déguisement, un train, une marionnette, une poussette.

4• Colonne **un/une** : chapeau, peluche, lampe, peinture, livre.
Colonne **des/les** : autos, perles, bébés, crayons, hochets.

5• une table, un lit, un bureau, des stylos, un ou des tapis, une couette, un disque, une fenêtre,
un meuble, des coussins.

18 Quelques verbes au présent (p. 38)

1• *Tu dois garder :* 1. Je mange 2. Nous aimons 3. Il range 4. Elles aident 5. Mona se regarde.

2• Je suis très pressé. Corentin est le plus fort aux échecs. Nous sommes à l'heure au rendez-vous.
Ce gâteau est vraiment délicieux ! Ces livres sont très intéressants. Je suis très heureuse !

3• *Par exemple :* 1. J'ai 6 ans. 2. Oui, je suis sage en classe. 3. Oui, j'ai faim. 4. Je suis tombé.
5. Non, je ne suis pas sportive.

4• 1. Les enfants s'amusent dans la cour. 2. Manon pousse la porte. 3. Il regarde les dessins animés à la
télévision. 4. Elles se jettent dans l'eau de la piscine. 5. Medhi raconte une histoire à son petit frère.
6. Les invités arrivent vers 20 heures.

5• 1. font 2. vont 3. fait 4. va 5. vont.

19 Construire des phrases (p. 40)

1• Tu dois barrer les phrases 1, 4 et 6.

2• Chez le fleuriste, on achète des fleurs et des plantes. À la pharmacie, Maman donne son ordonnance.
Le coiffeur coupe et peigne les cheveux. L'opticien vend des lunettes. Dans cette boulangerie,
on trouve de très bons pains au chocolat. À la librairie, j'ai trouvé le livre que la maîtresse a demandé.

3• 1. Au bout de la rue, il y a un chantier. 2. La camionnette livre des marchandises. 3. Il y a beaucoup
d'antennes sur le toit des maisons.

4• une grande braderie ; de nombreux objets pour les grands et pour les petits ; une petite montre ;
de grandes aiguilles ; nombreuses.

5• *Par exemple :* Les déménageurs vident leur camion. Monsieur Joyeux promène son chien.

3 Mets une croix dans la bonne colonne.

	è	ê
une ch...vre		
un ch...ne		
un succ...s		
une cr...me		
une fen...tre		
un r...ve		
un po...me		

..../ 7

4 Entoure les mots où tu entends les sons [e] et [ɛ].
Attention, il n'y a pas toujours d'accent !

1. Je vais acheter à manger.
2. Combien coûtent ces perles ?
3. L'équipe de France a gagné ce match de football.
4. Tous les dimanches, l'école est fermée.
5. C'est l'heure de la récréation !
6. Les abeilles butinent le nectar des fleurs.
7. N'oublie pas de faire la vaisselle !

..../ 7

5 Complète les mots avec é, è, ê, ai ou ei.

Cette sem........ne, nous sommes all........s voir un spectacle de magie.
Il y av........t beaucoup de monde. Trop peut-........tre ! La salle
était pl........ne et certains tours ont bien failli nous ....chapper.
M........s ce que nous avons vu ét........t merv........lleux. Des colombes
s'envol........ent depuis la sc........ne, des lapins sort........ent des
chapeaux. Quelle f........te ! Ce souvenir restera grav........ dans ma
m........moire très longtemps.

..../ 15

23

11 [k] : c / k / qu / q

ÉCRIRE

un **k**épi   une **c**arotte   une fla**que** d'eau

1 Colorie les dessins où tu entends le **son** [k].

..../ 3

2 Écris sous chaque dessin ce que tu vois.

.../ 4

3 Voici des mots cassés ! Reconstruis-les.

1. ca – va – rme

2. bi – son – com – nai

3. ba – que – rri

4. m – ker – esse

5. ti – que – pra

6. a – ko – la

.../ 6

4 Complète les mots en les reliant aux bonnes lettres.

1. Ces fruits sont beaux ! Je vais en acheter deux ...ilos. •

2. Avec mes deux sœurs et mon frère,
nous sommes ...atre au total.   •   • qu

3. Comme tu es grand ! ...el âge as-tu ?   •

4. J'aime beaucoup les plats épicés,
surtout le ...ous...ous.   •   • c

5. Mes cheveux ne bougent pas :
je mets de la la...e tous les matins.   •

6. Quand il fait très froid, je mets mon anora... .   •   • k

7. J'attends mon anniversaire avec impatience
pour recevoir des ...adeaux.   •

.../ 7

12 [f] : f / ff / ph

ÉCRIRE

un **ph**oque   un en**f**ant   des gri**ff**es

1 Colorie les dessins où tu entends le **son** [f].

..../ 3

2 Écris sous chaque dessin ce que tu vois.

ph

f

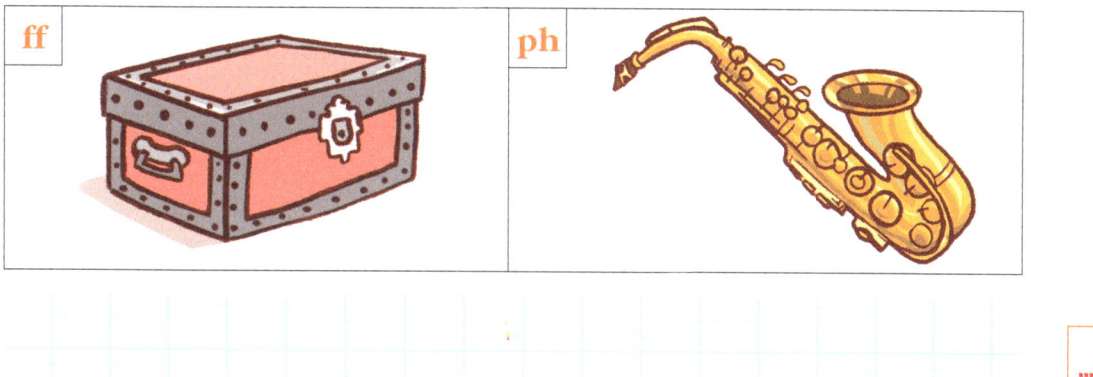

ff

ph

...../ 4

3 Barre les mots qui sont mal écrits.

1. une fflamme, une flamme, une phlamme
2. un chiffon, un chifon, un chiphon
3. un phantôme, un ffantôme, un fantôme
4. un éléfant, un éléphant, un éléffant
5. un chiffre, un chifre, un chiphre
6. un plafond, un plaffond, un plaphond
7. une farmacie, une ffarmacie, une pharmacie

...../ 7

4 Complète les mots en les reliant aux bonnes lettres.

1. Nous allons faire la ......ête. •
2. Un trè...le à quatre ......euilles ! •   • f
3. Allez ! Encore un petit e......ort ! •
4. J'aime beaucoup la géogra......ie. •   • ff
5. J'ai eu du mal à terminer. C'était très di......icile ! •
6. On met toujours un point à la fin d'une ......rase. •   • ph
7. On lance les ......lèches avec un arc. •

...../ 7

27

13 [j] : y / il / ill
[je] : ier

une méd**a**i**lle**   un **y**aourt   un réve**il**

◖**1** Barre les dessins où tu n'entends pas le **son** [j].

..../ 2

◖**2** Écris le mot dessiné en utilisant **ail, eil, ouille** ou **euille**.

..../ 4

28

3 Classe les mots dans le tableau. Attention aux intrus !

une fille – un rayon – un meunier – un avion – un ski – rien –
un voyage – un stylo – un panier – un papillon – un caillou –
janvier – le travail – un fauteuil – un typhon

ier	y	il – ill
....	....	....
....	....	....
....	....	....
....	....	....
....	....	....
....	....	....

..../ 10

4 Complète la grille de mots croisés en choisissant les mots dans la
liste. Attention aux intrus !

sorcier – grenier – abeille – quille – grille – fenouil – rail – coquillage –
fille – bille – lentille – yaourt – yoyo

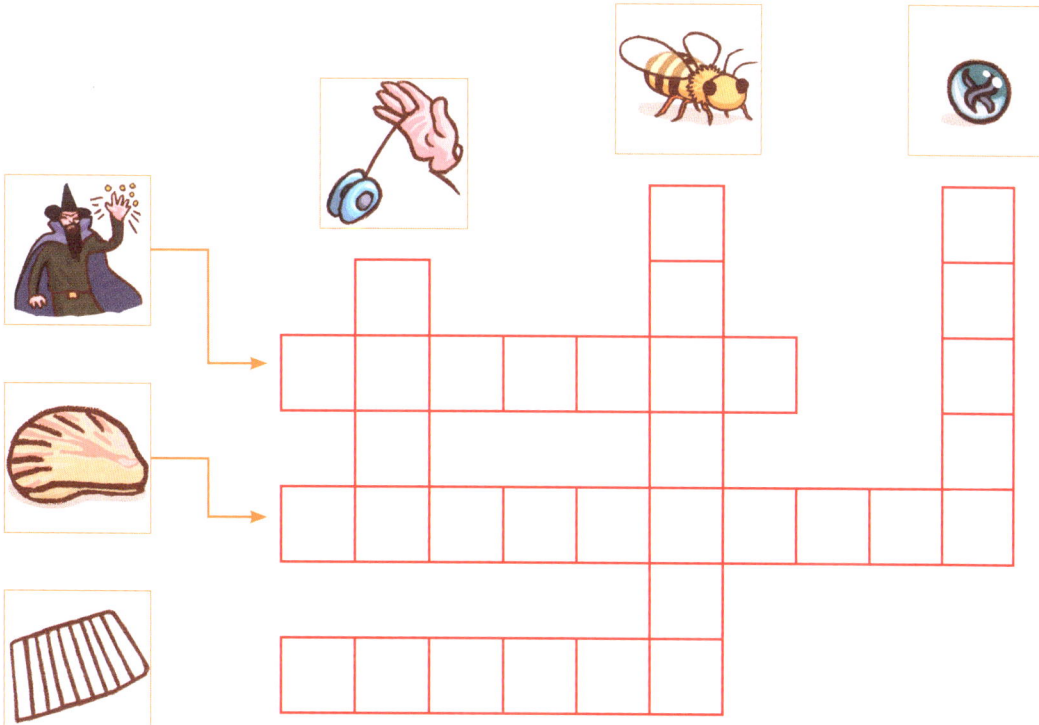

..../ 6

14 [ø], [œ] : eu / œu

un cœur   du beurre

1 Colorie les dessins où tu entends les **sons** [ø] et [œ].

..../ 4

2 Complète les mots avec **eu** ou **œu**.

un tract........r   un ....f   un j........ de dominos

un b........f   il est vi........x   une fl........r

3 Colorie les mots où tu entends les sons [ø] ou [œ].

1. Mehdi a l'air très heureux de son cadeau.
2. Regarde l'étoile filante ! Fais un vœu.
3. C'est ma sœur qui a lu ce texte.
4. Dis-moi adieu, car nous devons nous quitter.
5. Tu as un joli ruban bleu dans les cheveux.

4 Entoure tous les sons [ø] ou [œ] que tu trouves.

1. Quel peureux tu fais !
2. J'ai un peu de mal à écrire.
3. Ferme les yeux, j'ai deux surprises pour toi.
4. Jules pleure car il a cassé le moteur de son robot.
5. Manon a mis trois œufs dans son gâteau.
6. J'ai mal au ventre, je vais chez le docteur.

5 Complète ces mots avec eu ou œu.

1. Un objet qui n'a jamais servi est un objet n............................. .
2. Une omelette pas très cuite est une omelette ba............................ .
3. Pour dire qu'il est coupable, il faut une pr............................. .
4. Pour sortir du garage, ce car doit faire plusieurs man.................... .
5. Le fl............................. qui traverse Paris s'appelle la Seine.

15 Construire des mots

> **Lis avant de commencer**

un pa/que/bot   un au/to/car   un ca/mion

● Les mots sont formés de lettres qui, groupées entre elles, forment des syllabes.

1 Colorie les mots qui ont un sens.

cabane	nabar	disque	wagon

poupi	lapin	lapo	livre

.../ 5

2 Entoure les mots identiques dans chaque colonne.

exposition	recouvrir	CARESSE
exploration	découvrir	cassette
exposition	DÉCOUVRIR	casserole
EXCLAMATION	découper	facette
EXPOSITION	DÉCRÉPIR	CASSETTE
EXTRADITION	découvrir	casquette

.../ 3

32

3 Retrouve les quatre mots cachés dans la grille. Écris-les.

R	J	O	U	E	T	L	I
V	E	V	É	L	O	K	E
X	T	S	O	A	L	I	T
Z	E	P	O	U	P	É	E

1.

2.

3.

4.

 ..../ 4

4 Relie les étiquettes pour reconstituer les quatre mots coupés. Écris-les.

TA   teau   FOUR   con   BLE

re   cou   CHETTE   fi   tu

1.

2.

3.

4.

..../ 4

5 En te servant des étiquettes, reconstitue le nom de quatre animaux.

ton   gi   cha   fe   ra   meau   va   che   mou

1.

2.

3.

4.

..../ 4

16 Féminin ou masculin ?

CONSTRUIRE

Lis avant de commencer

une fille

un garçon

- Un nom est **au féminin** quand il est accompagné des petits mots : **une, la.**
- Un nom est **au masculin** quand il est accompagné des petits mots : **un, le.**

---

1 Sous chaque dessin, entoure le petit mot qui convient.

| un | une | | un | une | | un | une | | un | une |

..../ 4

---

2 Écris les noms d'animaux dans le tableau.

ours – crocodile – serpent – chatte – singe – souris – dromadaire – poule – lionne – biche – guépard – otarie

féminin	masculin
....	....
....	....
....	....
....	....

..../ 12

3 Complète cette comptine avec les petits mots qui conviennent : un ou une.

Dans ma rue, il y a .... magasin.

Dans ce magasin, il y a .... étagère.

Sur cette étagère, il y a .... boîte.

Dans cette boîte, il y a .... livre.

Dans ce livre, il y a .... formule magique.

Dans cette formule magique, il y a .... secret.

Et ce secret, c'est .... secret !

..../ 7

4 Remets les lettres dans l'ordre pour trouver le bon mot et entoure la bonne réponse.

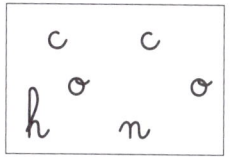

féminin – masculin

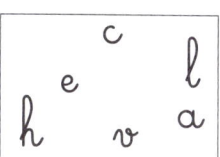

féminin – masculin

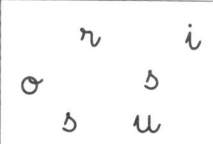

féminin – masculin

..../ 3

5 Relie par une flèche les animaux de la même famille.

une vache ●   ● un chien

une chatte ●   ● un taureau

une chienne ●   ● un chat

une jument ●   ● un lion

une lionne ●   ● un cheval

..../ 5

17 Singulier ou pluriel ?

Lis avant de commencer

une poupée   des poupées

- **Au singulier**, on utilise les petits mots : **un**, **une**, **le**, **la**.
- Pour former le **pluriel** d'un nom, on ajoute en général un **s** au nom et on utilise les petits mots : **des**, **les**.

1 Relie chaque dessin au mot qui lui correspond.

des soldats

une voiture

un livre

une trottinette

des livres

des voitures   des trottinettes   un soldat   ..../ 4

2 Complète les étiquettes.

un dragon

des ballons

des toupies

..../ 3

3 Souligne en rouge les mots au **pluriel** et en bleu les mots au **singulier**.

une ferme – des chevaliers – la montre – les pirates – le déguisement –
un train – des dinosaures – une marionnette – une poussette

..../ 9

4 Classe les mots suivants dans le tableau : chapeau – peluche –
autos – lampe – perles – bébés – peinture – crayons – hochets – livre

un, une	des, les
....	....
....	....
....	....
....	....
....	....

..../ 10

5 Écris le petit mot qui convient devant chaque mot.

.... table   .... couette

.... lit   .... disque

.... bureau   .... fenêtre

.... stylos   .... meuble

.... tapis   .... coussins

..../ 10

18 Quelques verbes au présent

CONSTRUIRE

Lis avant de commencer

Un oiseau vol**e** dans le ciel.   Des oiseaux vol**ent** dans le ciel.

1 **Barre le verbe qui ne convient pas.**

1. Je
mangeons
mange
   souvent au restaurant.

2. Nous
aimons
aime
   écouter des histoires.

3. Il
range
rangent
   toutes ses affaires.

4. Elles
aide
aident
   les enfants à traverser.

5. Mona
se regarde
se regardent
   dans le miroir.

..../ 5

2 Relie les mots pour obtenir une phrase correcte.

Je •   • est le plus fort aux échecs.

Corentin •   • est vraiment délicieux !

Nous •   • suis très pressé.

Ce gâteau •   • sont très intéressants.

Ces livres •   • suis très heureuse !

Je •   • sommes à l'heure au rendez-vous.

..../ 6

3 Réponds aux questions en utilisant dans ta phrase je suis ou j'ai.

1. Quel âge as-tu ?

2. Es-tu sage en classe ?

3. Est-ce que tu as faim ?

4. Comment t'es-tu fait mal ?

5. Es-tu sportive ?

..../ 5

4 Complète les verbes avec les bonnes terminaisons : e ou ent.

1. Les enfants s'amus................ dans la cour.

2. Manon pouss................ la porte.

3. Il regard................ les dessins animés à la télévision.

4. Elles se jett................ dans l'eau de la piscine.

5. Medhi racont................ une histoire à son petit frère.

6. Les invités arriv................ vers 20 heures.

..../ 6

5 Complète les phrases avec fait, font, va ou vont.

1. Marion et Sarah .... du tennis tous les vendredis.

2. Elles .... voir des matchs.

3. Sarah .... de très bons services.

4. Antoine, lui, ... au cinéma avec ses amis.

5. Ils .... voir des films policiers.

..../ 5

19 Construire des phrases

CONSTRUIRE

> ## Lis avant de commencer
>
> • Une phrase est une suite de mots qui a un sens.
>   Elle commence toujours par une majuscule et se termine par un point.
>   *Les voitures roulent vite.*

1 Barre les phrases qui n'ont pas de sens.

1. Dans la rue, beaucoup il y a de magasins.

2. Les passants se promènent.

3. La moto s'arrête au feu rouge.

4. Les courent enfants sur le trottoir.

5. Les vitrines sont illuminées.

6. distribue les lettres Le facteur.

.../ 3

2 Forme des phrases qui ont un sens.

Chez le fleuriste, •   • coupe et peigne les cheveux.

À la pharmacie, •   • vend des lunettes.

Le coiffeur •   • on achète des fleurs et des plantes.

L'opticien •   • on trouve de très bons pains
                              au chocolat.

Dans cette boulangerie, •   • Maman donne son ordonnance.

À la librairie, •   • j'ai trouvé le livre que la maîtresse
                              a demandé.

.../ 6

3 Sépare les mots et récris la phrase correctement.

1. Auboutdelarueilyaunchantier.

2. Lacamionnettelivredesmarchandises.

3. Ilyabeaucoupd'antennessurletoitdesmaisons.

..../ 3

4 Complète les phrases avec les mots suivants :
nombreux – nombreuses – grande – grandes – grands – petits –
petite

Ce week-end dans mon quartier, il y aura une .... braderie.
Nous trouverons de .... objets pour les .... et
pour les .... Moi, j'aimerais bien trouver une ....
montre ancienne, avec de .... aiguilles ! J'ai vraiment hâte
car les surprises sont toujours ....

..../ 7

5 Observe le dessin et continue la phrase.

Les déménageurs...

Monsieur Joyeux...

..../ 2

41

• Lecture expression ———————•

Lis ce petit texte.

La maison de Jean est une très jolie maison.
Elle n'a qu'un étage et son toit est d'un
merveilleux rouge vif. Quand on la regarde
de face, on y voit une petite porte verte
entourée de deux jolies fenêtres aux volets bleus
et aux rideaux jaunes. Autour de la maison,
il y a un grand jardin avec un seul arbre :
un magnifique pommier aux fruits très rouges.
À droite de la porte en sortant, juste sous l'une
des fenêtres, on peut voir un banc de vieux
bois sur lequel repose un pot de superbes fleurs
rouges et jaunes.

À toi de dessiner !

Évaluation : mets une croix quand tu as dessiné…

Les formes

… une maison à un étage ☐

… avec un toit ☐

… une porte ☐

… deux fenêtres, une de chaque côté de la porte ☐

… des volets ☐

… des rideaux ☐

… un jardin autour de la maison ☐

… un seul arbre ☐

… des fruits dans l'arbre ☐

… un banc à droite de la porte (donc à gauche sur le dessin !) ☐

… un pot de fleurs ☐

… des fleurs dans le pot ☐

Les couleurs

… un toit rouge ☐

… une porte verte ☐

… des volets bleus ☐

… des rideaux jaunes ☐

… des fruits rouges ☐

… un banc marron ☐

… des fleurs rouges et jaunes dans le pot de fleurs ☐

43

Liste de sons importants

Voyelles

[a] un rat

[ɑ] un âne

[o] *(o fermé)* un dos, un bateau, chaud

[ɔ] *(o ouvert)* une école, des bottes

[e] *(é fermé)* l'été

[ɛ] *(é ouvert)* une fête, la laine, une reine

[i] un bijou

[u] un coucou

[y] la lune

[œ] *(e ouvert)* la peur

[ø] *(e fermé)* un nœud

[ə] *(e sourd)* le, je

[ã] un enfant, une tente, un pamplemousse

[ɛ̃] peindre, un rein, un patin

[ɔ̃] un bonbon

[œ̃] un parfum

Consonnes

[p] un pompon

[b] bonjour

[t] toujours

[d] demain

[k] quarante, un coucou, un kiosque

[g] une guêpe

[f] France, un pharaon, une touffe

[v] Valentin

[s] une souris

[z] une rose

[ʒ] un jouet

[ʃ] un cheveu

[l] un ballon

[r] une route

[m] Mathilde

[n] non

Semi-voyelles ou semi-consonnes

[j] les yeux

[w] ouest

[ɥ] un nuage

Achevé d'imprimer par IME à Baume-les-Dames – FRANCE
Dépôt légal : 94 918-0/01 – Mai 2011.